BEI GRIN MACHT SICH IHR WISSEN BEZAHLT

- Wir veröffentlichen Ihre Hausarbeit,
  Bachelor- und Masterarbeit

- Ihr eigenes eBook und Buch -
  weltweit in allen wichtigen Shops

- Verdienen Sie an jedem Verkauf

Jetzt bei www.GRIN.com hochladen und kostenlos publizieren

Cornelia Verdianz

Soziale Arbeit als Dienstleistung

GRIN Verlag

Bibliografische Information der Deutschen Nationalbibliothek:

Die Deutsche Bibliothek verzeichnet diese Publikation in der Deutschen National-
bibliografie; detaillierte bibliografische Daten sind im Internet über http://dnb.d-
nb.de/ abrufbar.

Impressum:

Copyright © 2010 GRIN Verlag, Open Publishing GmbH
Druck und Bindung: Books on Demand GmbH, Norderstedt Germany
ISBN: 978-3-656-17312-0

Dieses Buch bei GRIN:

http://www.grin.com/de/e-book/192368/soziale-arbeit-als-dienstleistung

GRIN - Your knowledge has value

Der GRIN Verlag publiziert seit 1998 wissenschaftliche Arbeiten von Studenten, Hochschullehrern und anderen Akademikern als eBook und gedrucktes Buch. Die Verlagswebsite www.grin.com ist die ideale Plattform zur Veröffentlichung von Hausarbeiten, Abschlussarbeiten, wissenschaftlichen Aufsätzen, Dissertationen und Fachbüchern.

Besuchen Sie uns im Internet:

http://www.grin.com/

http://www.facebook.com/grincom

http://www.twitter.com/grin_com

Theoretische Ansätze

verfasst von: Cornelia Verdianz
4. Semester Soziale Arbeit VZ, SS 2010

Inhaltsverzeichnis

Soziale Arbeit als Dienstleistung

Dienstleistungen werden „allgemein als Tätigkeiten definiert, die weder dem wirtschaftlichen Bereich der Nahrungsmittel- und Rohstoffgewinnung (primärer Sektor) noch der industriellen Rohstoffverarbeitung (sekundärer Sektor) zugeordnet werden können." (Flösser/Oechler 2005, S. 198) Merkmale für die Kategorie DL sind: Immaterialität, Nicht-Transportfähigkeit, Nicht-Lagerfähigkeit, etc. Personenbezogene soziale DL setzen die aktive Mitwirkung der AdressatInnen für eine gelingende Produktion von DL voraus. Die Produktion und Konsumtion der Leistung fallen zusammen. (vgl. ebd., S. 198)

Die Privilegierung (Sonderrecht verleihen) des Nutzers/der Nutzerin.
Zur theoretischen Begründung sozialer Dienstleistung

Konkurrenzverhältnisse = Wettbewerb = Hervorbringung von Innovation, Produktivität und Qualität (vgl. Schaarschuch 2003, S. 151)

Dienstleistung als „KundInnendienst"

Die direkte Leistungserbringung von SozialarbeiterInnen zielt auf das Modell der Dienstleistung ab, was bedeutet, dass Handeln primär nachfrage- und kundenorientiert ist, es „paßt seine Leistungen laufend der veränderten Nachfrage und selbstverständlich den vorhandenen Mitteln an." (KGSt 1993: 13 zitiert nach: Schaarschuch 2003, S. 152)

Somit erhöht sich die Konkurrenz zwischen den verschiedenen Einrichtungen (Anbietern), da die KundInnen individuell zwischen den Anbietern wählen können. Die AdressatInnen (= KundInnen) Sozialer Arbeit verfügen über mehr Macht gegenüber dem „Markt" sozialer Angebote. Außerdem kann „[...] dem bewussten oder unbewussten Versuch der wertegemäßen Lenkung durch [...]" (Schaarschuch 2003, S. 152) die Professionellen entgegengewirkt werden.

Wo in bisher vorhandenen Konzepten z.B. der Lebensweltorientierung und Subjektorientierung lebensweltliche Bezüge und die Anerkennung der subjektiven Perspektive der AdressatInnen im Vordergrund stehen, folgt nun durch die Dienstleistungsorientierung eine Orientierung an den Wünschen der AdressatInnen. Versprochen wird eine neue Qualität des Verhältnisses der

Klientel zu den Professionellen, welches sich durch eine Gleichstellung beider Positionen und gegenseitigem Respekt auszeichnet. Die Präferenzen der AdressatInnen sollen ernst genommen und einer Bevormundung seitens der Professionellen entgegengewirkt werden. (vgl. ebd., S. 153) In den Vordergrund tritt somit die Privilegierung der Nachfrageseite, im Gegensatz zur bisherigen „Orientierung der Profession an den lebensweltlichen Zusammenhängen der Subjekte [...]."(ebd., S. 153)

Für die Entwicklung der Sozialpolitik würde dies bedeuten, dass den Ausgangspunkt die Produktivitäten und Bedürfnisse der AdressatInnen bilden, da es sich um ihr Leben handelt. (vgl. ebd., S. 154)

Theoretische Grundelemente Sozialer Dienstleistung

Das Erbringungsverhältnis personenbezogener Dienstleistung

Bei der personenbezogenen Dienstleistung wird „von einem wechselseitigem Konstitutionsverhältnis von Produktion und Konsumtion" (ebd. S. 155) ausgegangen. Produktion meint die Aneignung (= Subjektivierung des Objektiven) der Natur (auch Gesellschaft) seitens des Individuums durch Auseinandersetzung (= produktive Tätigkeit) mit dieser. „In der Konsumtion von Gebrauchswerten produziert das Individuum seine gegenständliche Welt wobei es zugleich sich selbst produziert (bzw. re-produziert)." (ebd. S. 155) Bei personenbezogene Dienstleistungen werden keine Gegenstände produziert, es wird anhand von Texten kommuniziert, mit der Absicht, gegebene personale Zustände durch die Tätigkeit der Professionellen zu verändern, wobei Voraussetzung die auf Bedürfnissen basierende Nachfrage ist (= Nachfrage befriedigt + Zustandsveränderung wird mitbewirkt). Die Veränderung muss einen Gebrauchwert (= gesellschaftliche Nützlichkeit einer Ware → professionelles Handeln) haben. Die Konsumtion des Gebrauchswertes ist für das Subjekt auch Produktion: „Indem es den Gebrauchswert der von einer anderen Person erbrachten Dienstleistung konsumiert, produziert es zugleich einen veränderten Zustand seiner eigenen Person." (ebd. S. 156)

Die Person produziert sich selbst dadurch, dass es sich neue Inhalte aneignet und hervorbringt (z.B. Verhalten, Wissen, Qualifikation, Wohlbefinden, etc.), die durch die Leistung der Professionellen vermittelt werden. Das Subjekt konsumiert Dienstleistung und wird dadurch zum Produzenten seines Selbst, da Aneignungsprozesse initiiert werden.

„Aus diesem Grunde kommt dem Subjekt, das seine eigene Person mithilfe des Gebrauchswertes der Arbeit einer anderen Person produziert, im Dienstleistungsprozeß strukturell der Primat zu." (Schaarschuch 2003, S. 156)

Der Dienstleistungsprozess (Dienstleistung = professionelles Handlungskonzept) Obwohl der/die Professionelle am Veränderungsprozess beteiligt ist, kann nur das Subjekt selbst die Veränderung vollziehen (→ Produktionsprozess + Erbringungsprozess). Die produktive Tätigkeit des/der Professionellen, welche zur Produktion des Subjekts dient, gilt als Dienstleistung.

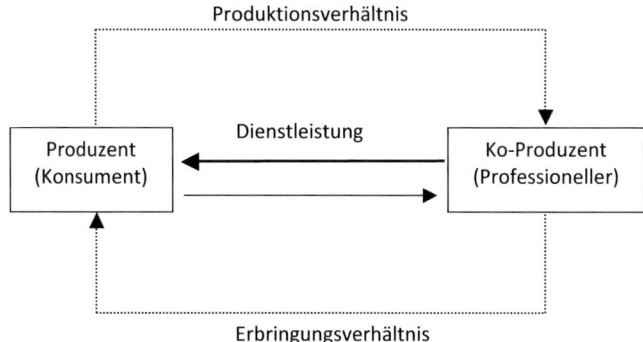

(Schaarschuch 2003, S. 157)

Der Erbringungskontext personenbezogener sozialer Dienstleistung
Fakt ist, dass die sozialstaatlich erbrachten sozialen Dienstleistungen weitgehend alternativlos sind, sprich, wenig verschiedene Institutionen – fast keine Wahlmöglichkeiten (nur ein einziger stattlicher Anbieter). Es wird jedoch angenommen, dass mittels Orientierung an den KundInnen „[...] das Passungsverhältnis von Angebot und Nachfrage optimiert und die Ressourcen effektiv und effizient eingesetzt" (Schaarschuch 2003, S. 159) werden und sich ein hohes Qualitätsniveau herausbilden würde.

Der Unterschied zwischen dem **marktförmigen und sozialstaatlichen Erbringungskontext** lässt mit den Begriffen **„exit"** und **„voice"** von Hirschmann (1970) veranschaulichen. „Dem Modell nach kann der Kunde auf einem Markt konkurrierender Anbieter vor allem dadurch Einfluß

ausüben, daß er den bisherigen Anbieter verläßt und zu einem neuen wechselt, also durch exit.
Dies will natürlich jeder Anbieter verhindern." (ebd., S. 159)

Die Folge dieser Wechselmöglichkeit ist ein optimales Verhältnis von Angebot und Nachfrage
und dadurch ein hohes Qualitätsniveau.

Im sozialstaatlichen Erbringungskontext Sozialer Arbeit, bei welchem nur ein einziger staatlicher
Anbieter sozialer Dienstleistungen existiert, „[...] ist ein steuernder Einfluß der Nachfragenden
auf die Anbieterseite prinzipiell nur dadurch möglich, daß diese ihre Interessen zur Artikulation
bringen – durch Einsatz der voice-Option." (ebd., S. 159)

Wenn die Leistungsfähigkeit sozialstaatlicher Einrichtungen wirklich von Angebot und
Nachfrage abhängig ist und die NutzerInnen im Dienstleistungsprozess oberste Priorität haben,
müssen **direkte Möglichkeiten der Einflussnahme der NutzerInnen** auf die
Dienstleistungserbringung institutionalisiert werden. „Die Einflußnahme der Nutzer auf Form
und Inhalt sozialer Dienstleistungen muß im sozialstaatlichen Erbringungskontext wesentlich
politischer Natur sein [...]." (ebd., S. 160) Damit ist aber noch nicht gesagt, wie real im Endeffekt
die Chancen der Einflussnahme sind.

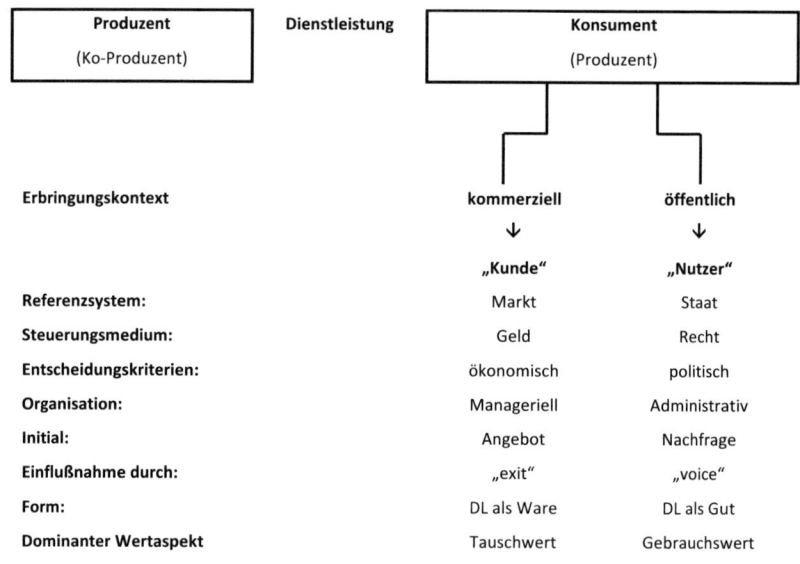

Produzent	Dienstleistung	Konsument	
(Ko-Produzent)		(Produzent)	

Erbringungskontext		kommerziell	öffentlich
		↓	↓
		„Kunde"	„Nutzer"
Referenzsystem:		Markt	Staat
Steuerungsmedium:		Geld	Recht
Entscheidungskriterien:		ökonomisch	politisch
Organisation:		Manageriell	Administrativ
Initial:		Angebot	Nachfrage
Einflußnahme durch:		„exit"	„voice"
Form:		DL als Ware	DL als Gut
Dominanter Wertaspekt		Tauschwert	Gebrauchswert

(Schaarschuch 2003, S. 161)

Voraussetzung ist also die Mitbestimmung der NutzerInnen, im Gegensatz zu den ihnen zugestandenen Formen von Beteiligung, was bedeutet, dass ein verringertes asymmetrisches Machtverhältnis anzustreben ist (nicht jedoch die Außerkraftsetzung). Dadurch wird möglich, dass die NutzerInnen einen Einfluss auf die Dienstleistungserbringung erhalten (ist die Befriedigung der Bedürfnisse angemessen?). (vgl. Schaarschuch 2003, S. 162)

„Soziale Dienstleistung ist ein vom nachfragenden Subjekt als produktiver Konsument ausgehender und gesteuerter professioneller Handlungsmodus, der im Erbringungskontext des Sozialstaates perspektivisch die Symmetrie des Machtverhältnisses von Nutzer und Professionellem sowie die Demokratisierung der Einrichtungen Sozialer Arbeit zur Voraussetzung hat [...]." (Schaarschuch 2003, S. 165)

Abschließend ist anzumerken, dass im Mittelpunkt der Sozialen Arbeit als Dienstleistung die Privilegierung der Nachfrageseite steht, sie demzufolge analysierbar wird und sich dadurch von anderen Anwendungen in der Sozialen Arbeit unterscheidet. (vgl. ebd. S. 166)

Sozialpädagogische Nutzerforschung

Die am Dienstleistungsprozess Beteiligten haben unterschiedliche Interessen, Bedürfnisse und Vorstellung von dem Begriff „Qualität". Es „wurde deutlich, dass die Bestimmung eines ‚absoluten' Qualitätsbegriffes aufgrund der Akteursgebundenheit der Kriterien nicht möglich ist." (Oelerich/Schaarschuch 2005, S. 14) **Qualität** wird deshalb **als Kompromiss zwischen den Beteiligten** gesehen. Ziel ist die Auseinandersetzung mit der Frage, wie Qualität, Effizienz und Effektivität von Dienstleistungen überprüfbar werden. Im Vordergrund dafür steht der Zusammenhang der gegenseitigen Abhängigkeit „von angebotenen und in Anspruch genommenen Dienstleistungen" (ebd., S. 14) wie professionelle Hilfesettings mit sozialpädagogischer Intention.

Drei Forschungszugänge - Wirkungs- Adressaten- und Nutzerforschung

Alle drei Zugänge dienen der Analyse des Zusammenhangs von Angebot und Inanspruchnahme sozialer Arbeit.

Die Wirkungs- und Adressatenforschung beschäftigen sich damit, wie die Angebote Sozialer Arbeit und deren Inanspruchnahme durch die AdressatInnen (NutzerInnen) zusammenhängen. Die Aufgabe der Wirkungsforschung (Zielüberprüfung aus Perspektive der Institution = Evaluation) ist die Analyse des Verhältnisses von Leistungsangeboten und deren Inanspruchnahme. „Ein bestimmtes *treatment* erzeugt entsprechende Verhaltensänderungen bei den Klienten – oder auch nicht oder nur partiell." (Oelerich/Schaarschuch 2005, S. 15) Dies wird als Wirkung bezeichnet, wie sich also professionelles Handeln (durch vorherige Zielbestimmungen) auf die Klientel auswirkt und somit eine Verhaltensänderung bewirkt. Anhand des Grades der Zielerreichung kann die Effektivität von sozialpädagogischen Interventionen gemessen werden. Dadurch soll der Einsatz von Mitteln und Ressourcen optimiert werden, um so das Ziel am besten erreichen zu können. (vgl. ebd. S. 15)

„Das Ziel der Adressatenforschung besteht in der Rekonstruktion von Selbstdeutungen, subjektiven Erfahrungen und biographischen Verläufen von Adressaten im Kontext institutioneller Settings. Das damit verbundene Erkenntnisinteresse besteht in dem Verstehen adressatenseitiger Lebenssituationen zur Optimierung professionellen sozialpädagogischen Handelns [...]." (ebd. S. 16) Im Vordergrund steht hier das Interesse daran, sozialpädagogisches Handeln zur professionalisieren.

Die sozialpädagogische Nutzerforschung (aus Perspektive der NutzerInnen) beschäftigt sich damit, inwiefern sozialpädagogische Tätigkeiten den AdressatInnen nützlich sind (produktives Auseinandersetzen mit Aufgaben der Lebensführung), und wie sie diese nutzen. Ziel ist, den Gebrauchswert sozialer Dienstleistungen bestimmen zu können, sowie die Aneignungsprozesse der NutzerInnen zu analysieren. Gefragt wird hier aus der Perspektive der NutzerInnen – befragt werden die NutzerInnen. Zu beachten gilt es, dass der Gebrauchswert von sozialen Dienstleistungen immer subjektiv ist. (vgl. ebd. S. 19)

	Wirkungsforschung	Adressatenforschung	Nutzerforschung
KlientIn	Objekt von Programmen, die Effekte zur Folge haben	Von sozialpädagogischen Angeboten adressiertes Subjekt	Aktives, soziale Dienstleistungen sich aneignendes Subjekt
Ziel	Identifizierung von kausalen und korrelativen Ziel-Mittel-Wirkungs-Relationen	Rekonstruktion von Erfahrungen, Hilfeverläufen auf Seiten der AdressatInnen	Rekonstruktion des Gebrauchswertes sozialer Dienstleistungen aus Sicht der Nutzer
Absicht	Optimierung von Ziel-Mittel-Relationen	Verstehen der Lebenssituation der AdressatInnen zur Optimierung pädagogischen Handelns	Identifizierung nutzenfördernder/nutzenlimitierender Aneignungsbedingungen

Tab. 1: Synopse Wirkungs-, Adressaten-, Nutzerforschung   (Oelerich/Schaarschuch 2005, S. 17)

„Die Dringlichkeit und Brisanz der Forschungsfrage nach dem Nutzen Sozialer Arbeit ergibt sich aus den gesellschaftlichen Anfragen an die funktionale Leistungsfähigkeit der Sozialen Arbeit, die ihre Legitimation als professionell erbrachte, sozialstaatlich garantierte und gesellschaftlich finanzierte Institution berührt. In funktionaler Hinsicht wird damit ihre ‚Wirkung' auf die Adressaten und ihre Wirksamkeit im Kontext gesellschaftlicher Normen zum Thema gemacht."
(Oelerich/Schaarschuch 2005, S. 21)

Der Nutzen Sozialer Arbeit

Die Absicht und die Wirkung von professionellem Handeln müssen nicht immer identisch sein, gerade deswegen wird immer wieder von Effektivität, Effizienz, Qualität und Wirksamkeit diskutiert. Es muss also darum gehen, die NutzerInnen sozialpädagogischer Angebote selbst dahingehend zu befragen – was bringt ihnen das in Anspruch genommene Angebot?
Auch wenn dieser Zugang ein mikroanalytischer ist, wird die makrostrukturelle Dimension (Gesellschaft) keineswegs ausgeklammert, denn Ziel ist es auch, abweichendes Verhalten zu kontrollieren und mittels Unterstützung normenkonformes Verhalten zu erwerben. (vgl. Oelerich/Schaarschuch 2005, S. 80f.)

Dimensionen und Kontexte des Nutzens Sozialer Dienstleistungen

„Der Begriff Nutzen [...] bezeichnet sowohl ein Produkt, den Nutzen, den jemand von einem Angebot hat, wie auch den Prozess des Nutzens eines Angebotes." (ebd. S. 83) Im folgenden Abschnitt wird nur auf das Produkt, nicht auf den Prozess der Nutzung eingegangen.

Um eine Analyse des Nutzens vornehmen zu können, muss man zwischen drei zentralen Dimensionen des Nutzens sozialer Dienstleistungen unterscheiden:

- die materielle Dimension = unmittelbar stofflicher Nutzen (z.b. Geld, Wohnung), aber auch immaterieller Nutzen (z.b. Informationen, Kompetenzerwerb)
- die personale Dimension = Bedeutung der Beziehung zu Professionellen für AdressatInnen (mit Blick auf die Bewältigung ihrer Alltagsanforderungen)
  Vier Aspekte: Anerkennungs-, Sicherheits-, Zuwendungs- und Macht- und Disziplinierungsaspekt
- die infrastrukturelle Dimension = die Möglichkeit, im Bedarfsfall Angebote nützen zu können (dies ist bereits ein Nutzen)

Der konkrete Nutzen eines Angebots bzw. seine Ausprägung für die NutzerInnen steht im Zusammenhang mit dem subjektiven Relevanzkontext (z.B. Einschätzung der eigenen Lebenssituation und des Problems, Wichtigkeit des Problems, vorhandene Ressourcen, etc.) sowie den individuellen Präferenzen (z.B. Interesse am Angebot) der NutzerInnen. Er ist außerdem abhängig von dem institutionellen Relevanzkontext wie Programmmerkmalen (z.B. offizielle Zielsetzungen, intern definierte Aufgaben, Regeln und Absprachen, etc.), Organisationsstruktur (z.B. Beziehung Professionelle + NutzerIn, Arbeitsteilung, zeitliche Strukturierung, etc.) und professionellem Konzept (z.B. Verhältnis von Nähe und Distanz, Kontrolle und Freizügigkeit, Macht und Sanktionierung, etc.). (vgl. Oelerich/Schaarschuch 2005, S. 83ff.)

Die oben beschriebenen Punkte haben verdeutlicht, auf was bei der Analyse des Nutzens für die NutzerInnen geachtet werden muss. Abschließend ist noch anzumerken, „dass der von den Nutzern wahrgenommene Nutzen eines Angebotes in der Zeit Veränderungen unterliegt und in der Retrospektive möglicherweise umgedeutet wird oder sich erst in der Zukunft einstellt [...]." (Oelerich/Schaarschuch 2005, S. 96)

Literatur

Flösser, Gabi/Oechler, Melanie (2005): Dienstleistung in der Sozialen Arbeit. In: Kreft,

Dieter/Mielenz, Ingrid (Hrsg.): Wörterbuch Soziale Arbeit. Juventa, Weinheim und

München, S. 197 - 201

Oelerich, Gertrud/Schaarschuch, Andreas (2005): Der Nutzen Sozialer Arbeit. In: Oelerich,

Gertrud/Schaarschuch, Andreas (Hg.): Soziale Dienstleistungen aus Nutzersicht. Zum

Gebrauchswert Sozialer Arbeit. Ernst Reinhardt, München, S. 80 - 98

Schaarschuch, Andreas/Oelerich, Gertrud (2005): Theoretische Grundlagen und Perspektiven

sozialpädagogischer Nutzerforschung. In: Oelerich, Gertrud/Schaarschuch, Andreas (Hg.):

Soziale Dienstleistungen aus Nutzersicht. Zum Gebrauchswert Sozialer Arbeit. Ernst

Reinhardt, München, S. 9 - 25

Schaarschuch, Andreas (2003): Die Privilegierung des Nutzers. Zur theoretischen Begründung

sozialer Dienstleistung. In: Olk, Thomas/Otto Hans-Uwe (Hrsg.): Soziale Arbeit als

Dienstleistung. Grundlegungen, Entwürfe und Modelle. Luchterhand,

München/Unterschleißheim, S. 150 - 169